Espoirs d'amour

Poèmes

Espoirs d'amour

Poèmes

Soukhayna Caristan

Du même auteur

Un Papillon au cœur, 2017.

La Lumière du papillon — Ode à l'amour, 2018.
Améthyste Éditions

ISBN : 978-2-3222-6809-2

© Soukhayna Caristan — 2020

Pour me contacter :
unpapillonau.coeur@gmail.com
https://www.facebook.com/Unpapillonaucoeur

Le Code de la propriété intellectuelle interdit les copies ou reproductions destinées à une utilisation collective. Toute représentation ou reproduction intégrale ou partielle faite par quelque procédé que ce soit, sans le consentement de l'Auteur ou de ses ayants cause est illicite et constitue une contrefaçon sanctionnée par les articles L335-2 et suivants du Code de la propriété intellectuelle.

À ma rose rouge

Quand tu pleures, regarde plus haut :
Tu finiras par voir l'arc-en-ciel
qui t'annonce le soleil.

Espoirs d'amour

L'amour

L'amour est un partage,
Un voyage auquel j'aspire.

L'amour est une promesse,
Un rêve pour mon cœur,
Une prière pour mon esprit.

L'amour est comme une chanson
Qui vient me convaincre sans forcer.

L'amour est une richesse
Qui émerveille mon âme.

L'amour est mon réconfort,
Une énergie à laquelle je veux m'abandonner sans crainte.

L'amour est un sentiment divin.
L'amour laisse tomber les inquiétudes.
L'amour enveloppe avec tendresse.

J'ai envie d'y croire.
En toute confiance.

L'amour, c'est la certitude de n'être jamais seule.

Espoirs d'amour

L'élixir de la vie

Les doutes s'imposent
Les détails du hasard m'échappent
La pantomime de l'existence
M'oblige à être celle que je ne veux pas.

Je veux vivre la vie telle que je la rêve
Je veux vivre d'autres vies
Oublier presque la mienne.

La douleur loge dans mon cœur
Elle me rappelle ce que la vie t'a donné
Et ce que la vie m'a volé.

Je cherche les regards des inconnus dans la rue
Je cherche à imaginer les paroles doucereuses
Qui pourraient se glisser dans mes oreilles
Et remanier les mots en lettres d'amour qui résonneraient
dans mon cœur.

L'amour donne son goût à la vie
J'aimerais te croiser
Toi qui donnerais des forces à mon existence
Et qui m'en rappellerais le sens et l'essence.

Espoirs d'amour

Toi mon amour

Toi mon amour infaillible,
Je t'aime de tout mon cœur.

Toi mon amour inébranlable,
Je t'aime de toute mon âme.

Toi mon amour implacable,
Je t'aime de toute ma force.

Toi mon amour inconditionnel,
Je t'aime d'un cœur brûlant.

Toi mon amour incorruptible,
Je t'aime même pendant les jours d'orage.

Je suis à l'abri.
Je suis à toi…

Espoirs d'amour

L'espérance

Ma douleur espère un peu de douceur
Mon cœur pleure
Le malheur est à l'heure

Le meilleur tarde je veux regagner la lumière
L'ombre cache la lueur de mon espoir

Mon cœur réclame le bonheur ;
Que les couleurs du drame
Cessent de me hanter

Je prie pour que des colombes
Chantent en chœur de belles promesses
En faveur d'un destin de toute beauté.

Pour que la diseuse de bonne aventure
Ne dérange pas les plans
Et ne devienne pas un fardeau.

Avec ardeur je choisis la vie.

Espoirs d'amour

Le bruit de ma douleur

Je veux crier mon chagrin
Je me tais mais mon cœur hurle
Même les pierres crient pour faire parler ma peine

Ce soir, la lumière éclaire un cœur défait
Le reflet d'un trait de crayon noir qui coule sur mes joues

Les larmes d'une femme heureuse
Ne coulent pas de cette façon
Goûte mes larmes salées encore chaudes, chéri

Personne ne me blesse mieux que toi ce soir, chéri
Personne n'a besoin de toi autant que moi ce soir.

Espoirs d'amour

L'avenir

Les douleurs d'hier sont oubliées.
Je veux prendre la vie comme un cadeau,
Tourner la page du passé.

Je veux m'élancer avec toi,
Me précipiter dans des jours heureux.
Chaque jour est un renouveau.

Dans le silence je veux m'en sortir.
Dans le silence je veux rêver notre destin.
Sans bruit je veux imaginer le chemin parcouru,
Me laisser éblouir par les rayons du soleil,
Laisser mon cœur s'émerveiller.

Je veux demander à l'inconnu
De m'éclairer sur notre réalité
En toutes circonstances.

Le plus beau reste à venir,
En espérant que le bonheur ne se trouve pas ailleurs.

L'avenir nous le dira.

Désert

Quand tu cherches l'amour,
Efface tes frontières.

Traverse ton désert.
Découvre qui tu es en chemin.

Persévère pour offrir le meilleur
Et laisse-toi surprendre !

Espoirs d'amour

Le temps

J'aimerais avoir du temps pour apprendre à sourire,
Du temps pour renaître,
Du temps pour rêver et grandir.

Être libre comme une hirondelle.

Il faut du temps pour partir et revenir.
Je veux que tu m'emmènes dans d'autres joies,
Dans d'autres paysages ;
Que tu me donnes des mots éternels
Pour que ma tristesse laisse place aux « je t'aime »
Sans baratin.

Je prie le ciel pour des jours heureux,
Je prie le jour pour mes nuits de tristesse,
Je prie le ciel pour avoir plus de temps pour t'aimer.

C'est dans chaque larme que la tristesse s'en va.

Espoirs d'amour

Un soupçon d'amour

Les mots flamboyants
Cachent les mots d'ombre
Existant dans mon cœur.

Sans amour j'existe,
Mais ailleurs que dans tes bras,
Alors je fais le choix d'aimer l'inconnu.
Je fais le choix de pardonner
Pour exister dans d'autres cœurs.

En moi sommeille la lumière
Et, loin d'être trop peu banale,
L'envie d'aimer.

Les rencontres insipides envahissent ma vie.
Les rendez-vous sans amour obscurcissent mes pensées.
Les couleurs de l'été
Cachent secrètement un amour de vacances.

Mon cœur espère un soupçon d'amour
Tout en douceur
Tout en lumière.

Espoirs d'amour

La magie du baiser

Quand le cœur est à l'épreuve
L'espoir de l'amour le comble.

La vie n'attend pas, elle avance, elle passe
En laissant des blessures.

Je veux juste un baiser pour cicatriser.

Le baiser de minuit
Le baiser qui te fait croire
Qui te donne la certitude
Que l'amour existe encore.

Le baiser magique
De minuit
Qui te permet de tout recommencer à zéro.

Espoirs d'amour

Promesse d'amour

Sans force, je perds mon souffle.

Ta promesse d'amour rafraîchit mon être.

Ta promesse d'amour me donne l'équilibre.

Ta promesse d'amour rassure l'inconnu.

Ta promesse d'amour ensorcelle mon âme.

Ta promesse d'amour apprivoise l'impatience.

Ta promesse d'amour me donne envie de me confier.

Ta promesse d'amour écrite sur ce bout de papier
Pacifie mon âme.

Ta promesse d'amour qui déchire le silence
Me donne cette impression de n'être qu'à toi.

Tu me donnes envie de sublimer le destin.

Espoirs d'amour

L'envie d'y croire

Plongée dans tes yeux,
Ma tristesse s'en va.
Soudain l'espoir renaît.

La joie dans mon cœur
Éveille ce don qui vient d'en haut.
Avec confiance, je t'accepte.

Le bonheur est à la portée de mon cœur.
Maintenant une mélodie
Sonne doucement en ma faveur.
Chaque pulsion de vie provoque en moi l'envie de réussir.
Je tourne le dos à ce qui ne vaut pas la peine d'être vécu,
À la grisaille humide de la vie.

La vie nous réserve des surprises.
Chaque fois une vie, chaque fois une histoire,
Un cœur à la poursuite d'une promesse.

Plus de larmes pour désarmer mon destin.
Plus de larmes pour accentuer le vide en moi.
Plus de tristesse, juste l'envie d'y croire.

Notre histoire
Je la vois dans tes yeux.

Espoirs d'amour

Bleu azur

Amour sans éclat
Je me cache du chagrin.

J'espère encore vivre des hauts et des bas sans amour.
Je comprends que sans toi je ne suis plus.

Apprends-moi à oublier,
Même si l'histoire est déjà finie.

Ce qu'il reste de moi, c'est ce qu'il me reste de toi :
Un miroir, sans reflet.

J'espère encore une lueur.
Encore dans mon cœur la chaleur de notre histoire.

Dis-moi les mots que j'espère.
La vie nous joue des tours,
Le temps d'attendre que tu reviennes doit finir.

La vie m'a éprouvée.
Ce soir, chéri, j'allume les bougies
Avec un verre de vin à la main.
Je veux égayer ces nuits obscures.

Espoirs d'amour

Il fait froid dehors
Les flocons tombent
Les senteurs de cèdres réchauffent mon cœur.

Lentement la paix s'installe
Et passionnément j'écris
AMOUR
En bleu azur.

Espoirs d'amour

Le sentiment d'exister

Quand je regarde les autres,
Je n'ai pas l'impression d'exister.

À quand cet autre dont le regard me fera vivre ?

Où puiser cet émoi qui me fera aimer
Celui que je ne connais pas,
Qui existe ailleurs,
Et qui par un heureux hasard croisera mon chemin ?

Ce jour-là, le destin me fera un signe de la main.
Un clin d'œil pour marquer l'évidence
Que je suis entrée dans la danse
La danse de l'espoir de t'avoir comme cavalier.

De n'avoir trouvé un homme chevaleresque,
Doux, fort et constant
Ne me reste qu'un éternel remords.

Maintenant je sens que j'existe
Je remercie Dieu de t'avoir mis sur mon chemin.

Espoirs d'amour

Besoin de toi

Je voudrais toucher ton cœur
Me perdre dans le labyrinthe de tes yeux
Admirer tes lèvres suaves
Caresser ta peau délicieuse
Plonger mon visage dans les roses
Humer les senteurs que tu respires
Marcher plus vite
Rêver des jours féériques avec toi
Voir s'épanouir comme un arbre l'amour que j'ai pour toi
Sentir mon amour grandir
Comme des torrents en cascades
Où logent tous les espoirs.

Espoirs d'amour

Le regret d'un cœur

Elle regrettait leurs amours.
La photo dans sa main,
Elle repensait à ces moments de joie
Qu'elle adorait partager avec lui.

Elle avait tant souffert
Elle voulait tout effacer
Elle espérait tout revivre pour tout recommencer.

L'amour existe mais dans son cœur
C'était le printemps des feuilles mortes
La saison des larmes
La peine de ce moment vécu.

L'heure des douleurs avait retenti
Mais elle voulait désobéir à la tristesse
Espérer ressentir le bonheur enfoui dans sa mémoire
Le véritable amour la seule chose qui lui reste
L'espoir d'un cœur qui espère.

Une larme coule sur visage.
Elle essaie de sourire à ses souvenirs.

Espoirs d'amour

Vert émeraude

En entrant dans cette pièce
Je n'ai même pas eu à la chercher,
Elle est arrivée devant moi
Par les caresses de ses yeux vert émeraude.

Mon cœur bat la chamade.
Le timbre de sa voix sonne comme du velours.
Un regard, un lien évident
L'amour fou pris au piège de douceur
Mon cœur hurle de bonheur.
Son cœur pleure de peur d'être dans un songe.

Un espoir de plaisir :
Trouver l'amour à deux
Sonne comme un symbole de victoire.

Espoirs d'amour

Trésor

Ma foi ne date pas d'hier
Je lui parle dans la prière
Quand je le cherche, c'est lui qui me trouve
Quand je suis dans le gouffre
Les yeux fermés j'imagine le paradis
Sa victoire m'aide à garder le sourire
Mon cœur célèbre son nom

Gardien de mon âme
Il est mon essentiel
Il considère mes voies
Dans l'obéissance sa présence est réelle

Il me donne le choix

La sagesse ou les perles
La réalité ou la vérité
L'honneur ou la peur
La vérité ou l'illusion
Pardonner ou détester

Il est mon essentiel
Comme la brise du matin

Espoir d'amour

M'inviteras-tu un jour
À boire un thé chez toi ?

M'inviteras-tu un soir
À te prendre dans mes bras ?

M'inviteras-tu une nuit
À dormir contre toi ?

Rien n'est plus merveilleux que d'aimer.
Mon cœur bat pour toi...

Espoirs d'amour

Promesse

Mon cœur brûle pour toi
Mes mots sont trop faibles pour exprimer mon amour.

Écoute mes éclats de rire, ressens ma joie :
Dans les battements de mon cœur
Tu entendras mon espoir
Tout au fond de moi
Tu liras ce que je n'ose pas te dire

Comme un ange je veux illuminer ta vie
Éclairer ton chemin

Les yeux fermés j'imagine le paradis
Dieu a mis un rêve dans ton cœur
Je me battrai pour que cette promesse s'accomplisse

Avec sagesse
Protégeons la vision
Brasier d'amour, flamme de vie

Comme une étoile
Je ne veux cesser de briller pour toi.

Espoirs d'amour

En secret

La vie t'a éprouvé
Mais elle ne t'a pas rendu amer

Ton esprit protecteur
Te donne la force de te battre

Quitte cette vie où tu ne ressens plus rien
Pour amorcer une vie meilleure

En toi je ressens l'envie d'être aimé
D'exister librement
De franchir les frontières
Aisément, sans contrainte
De regagner ton île
Pour un futur rempli de plénitude
De sentir le vent qui te rappelle
Que les chaines sont tombées

Comme la brise dans la nuit
Laisse l'amour t'envelopper avec tendresse
Que ton cœur se délecte avec gourmandise
Des saveurs du bonheur

Espoirs d'amour

Courage !
Si tu l'acceptes pleinement
Un prélude de romance s'annonce
Elle peut guérir ton cœur si tu l'acceptes
Comme faisant déjà partie de toi

En secret
J'espère que tu me choisiras…

Espoirs d'amour

Soupirs du cœur

Rien n'est plus merveilleux que d'aimer.

L'amour véritable donne un sens à la vie,
Rien ne peut le remplacer.
Il change le regard que l'on pose sur soi et sur les autres.

L'amour exalte la puissance intérieure de chacun,
Il développe l'estime de soi,
Il donne le courage, la volonté,
Il nous donne l'envie de nous dépasser.

L'amour rend généreux.

L'amour aime tout simplement
Et moi quand j'aime, je vais mieux.

Parfois l'amour dure.
Parfois il est dur et blessant.

Il faut du temps pour apprendre à aimer,
Pour accepter confusions et trahisons.

On n'oublie jamais rien, on vit avec.

Espoirs d'amour

Au milieu de la nuit

Au milieu de la nuit
Mon cœur s'emballe avec frénésie.

L'insomnie s'empare de moi
Les souvenirs m'accaparent.

Une douce folie m'envahit
La peur de te perdre me submerge.

Comme un feu éternel
Tu détiens ma lueur.

Mon espoir ne s'éteint pas.
Car je sais que c'est toi.

Espoirs d'amour

Rêver

La vie est un don du ciel, un breuvage essentiel
Pour rendre nos rêves éternels,
Pour rendre nos illusions réelles.

Vivre sans rêver, c'est vivre vide.
Si on ne rêve plus, on ne vit plus.
Si on ne rêve plus, on ne vibre plus.

Nos rêves n'écrivent pas l'histoire,
Mais ils nous font vivre.

Vivre sans rêver,
C'est avoir froid un jour d'été...

Co écrit avec Dimitri Gobelin

Espoirs d'amour

Mirages

La foi donne de l'amplitude à nos aspirations
Un sens à chaque épreuve

Vivre sans Dieu, c'est se bercer d'illusions
On n'aperçoit que des mirages

Sans ancrage la vie s'efface
Sans ancrage le vide s'installe

Sans ancrage l'amour n'est qu'une romance éphémère
Une voie sans issue
Un jeu perdu d'avance

Co écrit avec Dimitri Gobelin

Espoirs d'amour

Une évidence

Tard dans la nuit, je pense à toi.

Par moment, je doute de ton existence
Mais mon cœur refuse cette hypothèse.
Invisible comme le vent,
Pourtant si présent dans ma vie.

Un jour, je t'ai demandé de venir dans mes draps.
Tu m'as dit : « Je préfère venir dans tes bras. »

Amoureuse valeureuse
Blessée par un amour de jeunesse
Tu as fait naître en moi un nouvel espoir.

Comme une prière du soir, j'espère qu'un jour
Tu m'ouvriras ton cœur
Pour accueillir mon amour.

Sur un air de saxo, je t'écris ces mots.
Tu es ma rose rouge de tout temps.

Un papillon est un mot d'amour plié en deux
J'en suis convaincue…

Espoirs d'amour

Pensée captive

À fleur de peau
À fleur de toi
Je veux reprendre le contrôle

Un trop-plein d'émotions me désarme

Déstabilisée par ton charme
Mon imagination est en ébullition

En rançon je donnerais tout
Pour me libérer de ces pensées
Qui me rendent captive de toi

Pour que la déraison ne me gagne
J'ai besoin de mots qui me rassurent

Face à ton silence je m'initie à la patience

Je garde l'espoir que ta dernière escale sera dans mes bras

Espoirs d'amour

L'envol

Prendre son envol
Pour une nouvelle naissance
Pour entreprendre un long voyage
Pour faire naître de nouveaux espoirs

La persévérance est l'énergie d'une vie meilleure
L'assurance d'un cœur qui vient de l'intérieur

Comme la poussière suit le vent
Comme un torrent véhément
À la rivière des souvenirs
L'eau s'écoule lentement
La peur s'exile

Marcher dans l'amour pour renaître
Pour que ma vie se colore
Pour que l'avenir nous inspire de nouveaux sourires

Espoirs d'amour

Face à l'offense

L'amour fait mal mais nous rend vivants
Quand il devient notre réalité

Toujours vainqueur face à la haine
L'amour sincère est une lumière
Pour un cœur obscurci
Une vérité
Une consolation
Pour un cœur abattu

Face à l'offense je décide de pardonner

Veiller sur son cœur
C'est libérer son âme

Espoirs d'amour

Une grâce

Je n'ai qu'une seule vie :
Vivre pleinement est une grâce.

J'ai emprunté plusieurs chemins pour trouver l'amour.
L'ai-je trouvé ?

Tu allumes un feu qui réchauffe ce froid triste
Marcher à tes côtés crée en moi une conviction :
J'ai vu des signes qui présagent notre union

Je veux attiser notre flamme
Pour qu'aucune ombre ne subsiste.

Je garde espoir qu'un jour on dira « nous ».

Espoirs d'amour

L'envers du décor

Mon amour
Mon paradis se trouve dans tes bras
L'enfer serait de ne plus y être
De ne plus exister pour toi

Les cieux aspirent à toi et moi à l'unisson

Rien n'est facile
Notre triste réalité renvoie un tableau obscurci
Mais avec Dieu dans notre présent
Voyons l'envers du décor
Les promesses du Très-Haut

Attache-toi à Dieu pour jouir du bonheur

J'ai besoin de toi dans ma vie

Espoirs d'amour

La vie et les autres

La vie c'est toi c'est moi c'est nous

Tout le reste
Tout ce qui est difficile à prononcer
Ce sont les autres
Qui nous abiment nous et notre terre bleue

Je prie pour des jours plus heureux...

Espoirs d'amour

Pur désir

Je veux te donner plus que mon cœur
Tout ce que je suis je te l'abandonne

Tout en moi te réclame
Je tombe follement amoureuse de toi
Que vas-tu faire de moi
Maintenant que mon cœur est ouvert ?

J'ai confiance en toi
Tu révèles une force en moi que je ne soupçonnais pas
Quand je faiblis, prends-moi dans tes bras
Et n'oublie pas d'appeler Jésus
Celui qui donne la vie

Une voix résonne en moi
Qui me dit « Fais tout pour lui, il le mérite »
Je veux lâcher la peur
Partir pour te connaitre

Je veux plus qu'un monde à nous
Une galaxie
Toucher les étoiles
Et me rendre compte qu'elles sont uniques
Comme nos cœurs

Espoirs d'amour

Lumière

J'ai trop parlé d'obscurité
Aujourd'hui c'est fini

Je me sens si bien dans la lumière
Le temps de me détruire est révolu

J'attends mon guerrier amoureux

Ne parlons plus de choses qui blessent
Plus besoin de preuves pour connaitre nos désirs profonds
Je veux juste entendre « je t'aime bébé »
Ton nom est cousu sur le mien

Je me souviens on a parlé mariage
As-tu la mémoire courte, mon ange ?
Tu n'as plus les mots, trésor ?

S'il te plait, plus d'illusions
J'ai tellement peur que tu me laisses

J'ai de belles envies
L'envie que tu me ramènes plus près de toi
Dans ta chaleur

J'en rêve

Espoirs d'amour

J'ai le droit d'être heureuse
De faire vivre notre soleil, notre monde
D'écouter les plus belles symphonies

Si tu savais
Je fuis les disputes
Et je réclame l'amour qui supporte l'impossible

Je demande l'assurance à Dieu
Je veux y croire encore plus
Je sens le vent de son esprit

Fais pleuvoir les bénédictions
Ouvre les écluses des cieux, Jésus

Espoirs d'amour

Prisonnière

Malade, prisonnière dans ces couloirs blancs
Écrire mes maux m'apaise

Prisonnière, je dois garder le sourire
La colère existe dans mes yeux mais pas dans mon cœur

Prisonnière, tout me rappelle que le temps qui défile est perdu
Le temps passe
Je brasse du vent

Prisonnière, seul me reste le droit de respirer
Impossible de garder la maitrise sans me renfermer
Dans l'ennui j'essaie d'écrire pour racheter le temps

Prisonnière, oiseau en cage
Pas le droit de voler sans être blessée par leurs diagnostics
Ils sont et restent les décideurs de ma liberté

Espoirs d'amour

Terre

Elle nous donne de l'amour
Tout le temps de beaux paysages
Nos mers sont bleues

Elle qui nous donnait tout avec abondance
A maintenant besoin de soins

La Terre est rose comme l'amour
Elle nous chérit quand on ne la déchire pas

Tant qu'elle abritera des gens que j'aime
Dans mon cœur la planète sera rose bonbon

Espoirs d'amour

Jour de lumière

Mes doutes s'envolent
Je n'ai cessé de rêver de cette nuit
Dans une belle robe blanche
Au décolleté pas trop plongeant
Pour ne pas attiser les regards

Ce jour-là on fera des jaloux
Crois-moi trésor

Notre amour est pur
Notre amour est vrai et sincère

Il est écrit dans le livre bleu des anges
Que toi et moi c'est pour la vie
Ici et là-bas

Je serai plus belle que Cendrillon
Je veux rêver chéri, on en a le droit
La vie nous a tellement pris
Dieu nous donne notre récompense
Avec lui, on parle d'éternité

On peut aussi rester seuls en ce jour de lumière
Avec Jésus pour seul témoin toute notre vie...

Espoirs d'amour

Cœur blessé

On touchera le papillon du bout des doigts
Quand finira cet enfer
Qui nous enferme dans le manque

À coup de tranquillisants
Lassés par le temps
On s'enlace

C'est la seule consolation
Parce que l'on se ressemble
Tu le ressens

Nos cœurs blessés battent à l'unisson
Et n'ont que la triste joie d'être ensemble
Dans cet enfermement
Qui cache l'expression de nos solitudes

Co écrit avec Catarsy

Espoirs d'amour

Mes parents

À toi mon papa que j'aime de tout mon cœur
Pourtant fruit d'une trahison
Je demande ouvertement pardon à Dieu
Pour ce destin anéanti dans la médecine
Pour une vie déchirée
Une succession d'échec
De mauvais choix
À cause de nous

Dieu trace de nouveaux chemins
Ne crains plus l'avenir
Je lui demande un vin nouveau
Qui déborde dans ta vie.
Qu'il laisse tes anciennes flammes
Pour que le feu brûle à nouveau

Pardon pour ma mère qui tarde à le demander
Pardonner grâce à l'écriture est mon seul pouvoir :
Pardon papa
Les larmes coulent
Des larmes de guérison je l'espère.

Maman, le pardon libère
Dieu m'a donné l'écriture
J'utilise ma force pour que tu saches
Que malgré tout tu es ma mère

Espoirs d'amour

Je te respecte
Je t'aime de mille façons
Dieu désire te bénir de mille feux
Le pardon ouvre la voie des bénédictions divines...

Jésus est à l'œuvre dans nos cœurs
Je le laisse faire.

Espoirs d'amour

Confiance

Tu me dis d'entreprendre un voyage
De regarder la lumière qui m'attend ailleurs
De partir loin de la haine
Des gens épris de vengeance

Je n'ai pas peur d'aimer
Ma vie est entre les mains de Jésus

L'amour, c'est ouvrir son cœur
Pour l'épanouissement des fleurs
Je veux être l'ange de l'amour
Mes envies d'ailleurs pour imaginer un parfum d'amour
Et l'offrir au monde entier
J'espère partager sa vie
Je pleure des larmes de guérison
Pour être plus forte

Mon futur je le vois dans tes yeux
Toi aussi tu as tes blessures

Je te propose mon amour
Mon cœur
Une rose rouge que j'ai trouvée dans mon souk

Espoirs d'amour

Gratitude

Je veux vivre une effusion de tendresse
Respirer l'espoir d'une nouvelle vie
Retrouver le chemin des envies

Exprimer à Dieu ma gratitude
D'avoir libéré mon cœur de la solitude

Je veux connaitre de nouveaux horizons
Explorer l'avenir avec confiance

Que tout en douceur il gagne mon cœur
Pour vivre une destinée à deux
Enracinée dans l'amour du très haut

Je prie avec allégresse
Pour que cette belle émotion
S'inscrive dans l'éternité

Table des matières

L'amour 7

L'élixir de la vie 8

Toi mon amour 9

L'espérance 10

Le bruit de ma douleur 11

L'avenir 12

Désert 13

Le temps 14

Un soupçon d'amour 15

La magie du baiser 16

Promesse d'amour 17

L'envie d'y croire 18

Bleu azur 19

Le sentiment d'exister 21

Besoin de toi 22

Le regret d'un cœur 23

Vert émeraude 24

Trésor 25

Espoir d'amour 26

Espoirs d'amour

Promesse 27

En secret 28

Soupirs du cœur 30

Au milieu de la nuit 31

Rêver 32

Mirages 33

Une évidence 34

Pensée captive 35

L'envol 36

Face à l'offense 37

Une grâce 38

L'envers du décor 39

La vie et les autres 40

Pur désir 41

Lumière 42

Prisonnière 44

Terre 45

Jour de lumière 46

Cœur blessé 47

Mes parents 48

Confiance 50

Gratitude 51

Ce recueil a été réalisé
en collaboration avec Virginie Duclos,
écrivain public biographe à Toulouse.

transcrire.31@gmail.com
http://transcrire.webnode.fr/

transcrire

Edition : Books on Demand,
12/14 rond-Point des Champs-Elysées, 75008 Paris
Impression : BoD - Books on Demand, Norderstedt, Allemagne
Dépôt légal : mars 2021